LES PRINCIPES DE LA MUSIQUE

LA MUSIQUE
Apprise

EN 12 LEÇONS.

PAR

HENRY COHEN

Prix net 2ᶠ

France et Étranger
Paris, Éditeur LÉON ESCUDIER, rue de Choiseul, 21

LES PRINCIPES

DE LA

MUSIQUE

LA MUSIQUE

Apprise

EN 12 LEÇONS.

PAR

HENRY COHEN

Vm.º 1373   Prix net 2f

France et Étranger

Paris, Éditeur LÉON ESCUDIER, rue de Choiseul 21

LES PRINCIPES DE LA MUSIQUE.

EXPOSÉ.

Les traités des principes de la musique se comptent par milliers. Et dans cette quantité immense je n'en ai pas rencontré un seul qui soit en même temps simple, clair et **court**, ne renfermant jamais un terme qui n'ait été expliqué d'avance, ou qui ne le soit à l'instant même, et qui soit à l'abri de détails scientifiques, autant au-dessus de la portée des commençans qu'ils leur sont absolument inutiles. Si je n'avais espéré éviter les défauts dans lesquels sont tombés tous les auteurs de traités élémentaires sans exception, je n'aurais jamais entrepris l'ingrat et difficile travail que je viens offrir au public. Mais j'ose le dire avec confiance: je crois fermement que les douze leçons que contient cet opuscule suffiront pour apprendre parfaitement les principes de la musique aux personnes qui n'en ont aucune notion, et pour leur permettre d'aborder sans perte de temps et avec une entière connaissance de cause l'étude du solfège ou de n'importe quel instrument.

Ce traité sert d'introduction à mon traité d'harmonie et de composition, qui lui-même précède mon "traité élémentaire et facile de contrepoint et de fugue." De sorte que ces trois ouvrages forment à volonté, soit trois traités spéciaux qui peuvent se prendre isolément, selon le plus ou moins de connaissances que l'artiste ou l'amateur désire acquérir, soit un cours complet d'instruction musicale, qui le mène depuis les premières notions des notes jusqu'aux règles de la composition et à la science du contrepoint et de la fugue, c'est à dire à ce qu'il y a de plus ardu, et peut-être de plus indispensable dans toute la théorie de la musique.

Léon ESCUDIER, éditeur, rue de Choiseul 21.

PREMIÈRE LEÇON.

DÉFINITION DE LA MUSIQUE, ET PREMIÈRES NOTIONS DES NOTES.

La musique est l'art de combiner les sons de manière à produire un effet agréable. Quand les sons se font entendre les uns après les autres, ils constituent les élémens de la **Mélodie**; et s'ils forment un sens que l'oreille puisse apprécier et retenir, ils produisent ce qu'on appelle un **dessin musical**, une **phrase musicale**, un **chant** ou un **motif**. Quand au contraire les sons se font entendre simultanément, ils constituent les élémens de l'**Harmonie**; et s'ils obéissent en même temps à certaines lois d'acoustique, ou théorie des sons, ils donnent naissance à ce qu'on nomme un **Accord**.

Pour représenter sur le papier un son musical, on se sert de caractères appelés **notes**. Les notes s'écrivent sur cinq lignes parallèles tracées horizontalement, auxquelles on donne le nom de **portée**.

Les lignes se comptent de bas en haut, et la séparation qui existe entre une ligne et une autre se nomme **interligne** ou **espace**.

Le trait qui se voit au-dessus ou au-dessous des notes s'appelle **queue**.

Une note placée sur les lignes ou dans les espaces inférieurs représente un son plus grave qu'une note placée sur les lignes ou dans les espaces supérieurs. Outre les cinq lignes de la portée, on peut placer les notes **au-dessus** ou **au-dessous**, ou encore sur de petites lignes additionnelles qu'on ajoute à la portée, soit en haut, soit en bas, comme dans l'exemple suivant.

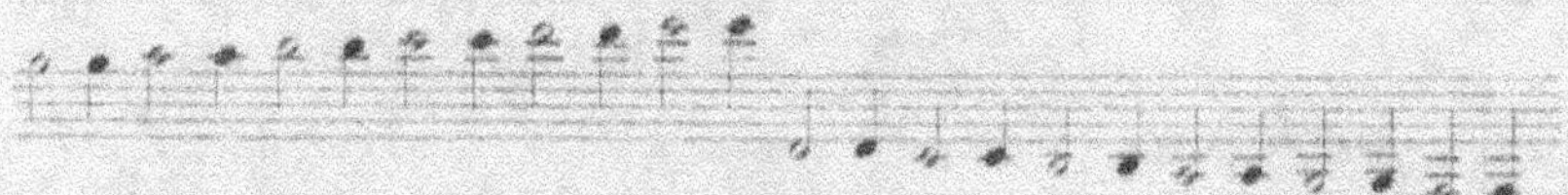

Ces lignes additionnelles ou supplémentaires s'appellent lignes **sus ajoutées** et **sous ajoutées**.

Les notes ont sept noms différens, qui sont : UT ou DO, RÉ, MI, FA, SOL, LA et SI.(1)

EXERCICES À FAIRE SUR LA PREMIÈRE LEÇON.

Il faut apprendre par cœur cette première leçon et s'en pénétrer de façon à pouvoir répondre à toutes les interrogations que fera le professeur, n'importe sous quelle forme il les adressera.

---

(1) En Angleterre et en Allemagne les notes se nomment d'une autre manière : UT, RÉ, MI, FA, SOL, LA, SI. / C, D, E, F, G, A, B ou H. Comme ... se trouvent toujours écrits dans l'intérieur des pianos, à côté des chevilles, il est utile de les connaître.

DEUXIÈME LEÇON.

DES CLEFS, ET CONTINUATION DES NOTIONS DES NOTES.

Pour donner une signification aux notes et déterminer quelles sont celles aux quelles les noms conviennent, on se sert de trois signes dont l'un ou l'autre se place toujours au commencement de la portée, et qu'on appelle **Clefs**. Ces signes sont 𝄞, 𝄢 et 𝄡.

La clef de sol 𝄞 se nomme ainsi, parceque la note qui se trouve sur la ligne occupée par la boucle 𝄞 est un sol. Cette ligne étant la seconde, on dit que la clef de sol **se place sur la seconde ligne**.(1)

La clef de fa 𝄢 se nomme ainsi, parceque la note qui se trouve sur la ligne séparée par les deux points : est un fa. Cette ligne étant la quatrième, on dit que la clef de fa **se place sur la quatrième ligne**.(2)

La clef d'ut 𝄡 se nomme ainsi, parceque la note qui se trouve sur la ligne renfermée dans l'espace vide ⫞ est un ut. Cette ligne étant selon les cas la première, la troisième ou la quatrième,(3) on dit que la clef d'ut **se pose sur la 1ere, la 3e, ou la 4e ligne.**

Voici les noms des notes avec chacune de ces clefs.

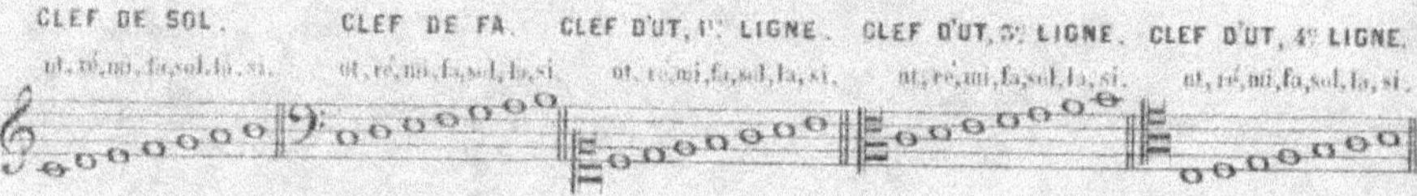

EXERCICES À FAIRE SUR LA DEUXIÈME LEÇON.

Apprendre par cœur tout ce qui regarde les clefs et la position des notes, et transcrire les exercices suivans en écrivant sur chacune des notes les noms qui leur appartiennent.

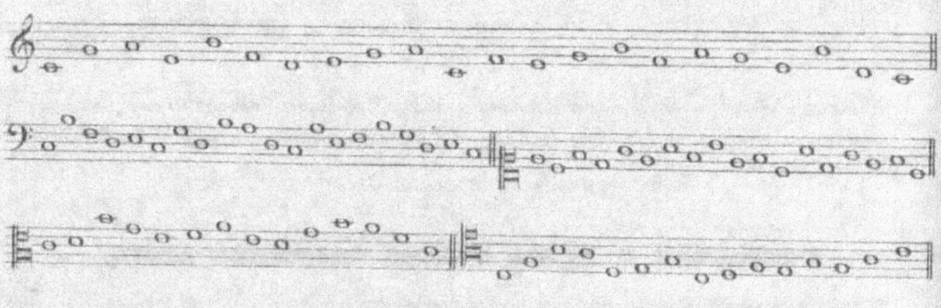

---

(1) Autrefois on plaçait aussi la clef de sol sur la première ligne. Cette clef est tout à fait inusitée aujourd'hui. On en verra cependant un exemple dans la leçon suivante.

(2) La clef de fa se place aussi sur la troisième ligne, mais très-rarement. Un commençant n'en peut pas avoir besoin.

(3) La clef d'ut se place encore sur la seconde ligne. L'emploi en est fort rare et ne peut servir à un commençant.

TROISIÈME LEÇON.

FIN DES NOTIONS DES NOTES, ET PREMIÈRES NOTIONS DE LA GAMME.

On peut encore à chaque clef écrire des notes plus basses ou plus hautes que celles qu'on vient de voir. Les noms sont toujours les mêmes et ils peuvent se répéter sur tous les degrés de l'échelle musicale. On appelle **échelle musicale** la totalité des sons que l'oreille est en état de saisir, depuis le plus grave jusqu'au plus aigu.

Exemples, où se trouvent des notes plus élevées ou plus basses que celles de la leçon précédente.

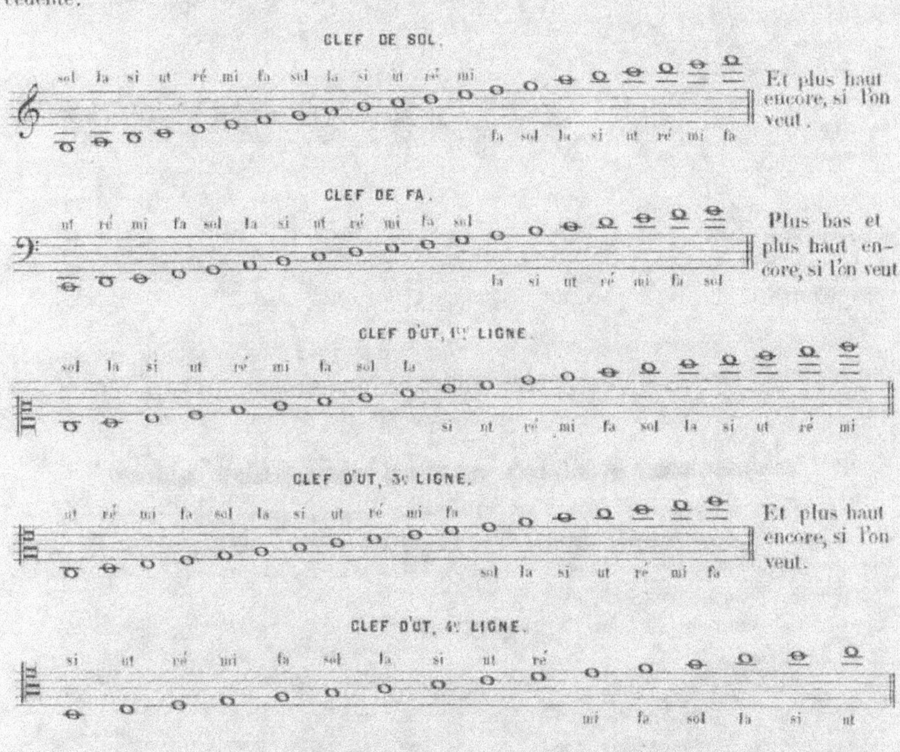

La succession de huit notes qui se suivent par **degrés conjoints**, c'est à dire sans sauter de lignes ni d'espaces, se nomme **Gamme**. La gamme peut se faire en montant comme en descendant.

La clef de sol sert à écrire la main droite du Piano, de l'Orgue et de la Harpe,[1] le Violon, la Flûte, tous les instruments hauts en général et les voix hautes.

La clef de fa sert à écrire la main gauche du Piano, de l'Orgue et de la Harpe,[2] le Violon—

---

[1] Ce n'est qu'exceptionnellement que la main droite de ces instrumens s'écrit avec la clef de fa.

[2] Ce n'est aussi que par exception que la main gauche de ces instrumens joue à la clef de sol.

...elle, la Contrebasse, le Basson, tous les instrumens graves en général, et les voix d'hommes appelées Baryton et Basse (ou Basse-taille).

La clef d'ut sur la première ligne est exclusivement destinée aux voix de **femmes** et d'en-
fans de chœur, appelées Soprano (ou l'Dessus) et Contralto.

La clef d'ut sur la troisième ligne sert à l'instrument nommé Alto. Autrefois on l'emplo-
yait pour les voix de Contralto et de Haute-contre, ténor très-élevé qui n'existe presque plus.

La clef d'ut sur la quatrième ligne sert à la voix d'homme appelée Ténor, et en général
à tous les instrumens graves, lorsqu'on les fait monter dans leurs notes élevées.

Quant aux clefs d'ut sur la seconde ligne et de fa sur la troisième ligne, elles ne servent
qu'à la transposition. Ce mot sera expliqué à la fin de la douzième leçon.

Voici maintenant le rapport
exact des clefs entr'elles. C'est la
même fa écrit sur toutes les clefs
en usage.

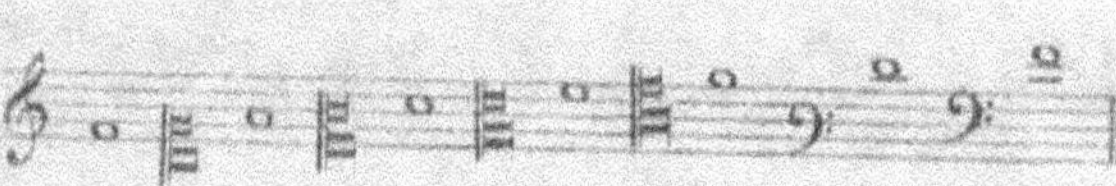

Et voici maintenant la
gamme montante, écrit
avec toutes les clefs **sans
exception**.

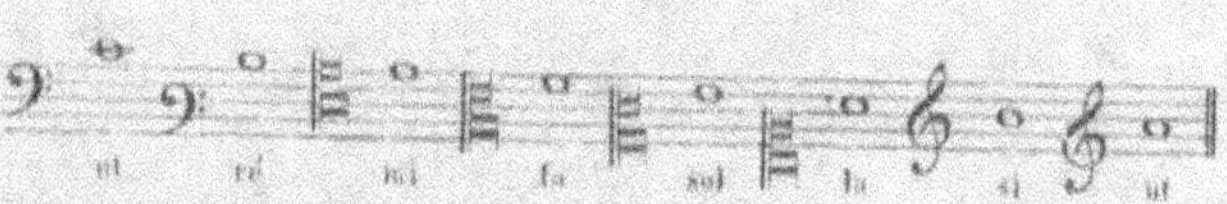

Ces exemples prouvent que les différentes clefs sont nécessaires pour qu'on ne soit pas trop
souvent obligé d'employer les lignes additionnelles.

EXERCICES À FAIRE SUR LA TROISIÈME LEÇON.

Transcrire les exercices suivans (ce qui donnera en outre au commençant l'habitude de co-
pier la musique), écrire sur chaque note le nom qui lui convient et répondre à toutes les questions du professeur, relatives à la troisième leçon. Il sera bon aussi que l'élève nomme au moins
la moitié de ces notes en sa présence.

QUATRIÈME LEÇON.

DES INTERVALLES, DES SIGNES ALTÉRATIFS ET DES GENRES.

La distance d'un son à un autre se nomme **intervalle**. Les intervalles se divisent en tons et en demi-tons. Le demi-ton est la distance la plus petite dont on se serve dans la pratique. Deux demi-tons forment un ton. Pour pouvoir exprimer la plupart des demi-tons on a inventé des signes **altératifs**, appelés également **accidens**. Ce sont:

1º Le dièse #, qui sert à hausser la note d'un demi-ton.

2º Le bémol ♭, qui sert à baisser la note d'un demi-ton.

3º Le double dièse x ou #, qui sert à hausser d'un demi-ton la note déjà diésée.

4º Le double bémol ♭♭ ou ♭, qui sert à baisser d'un demi-ton la note déjà bémolisée.

5º Le bécarre ♮, qui sert à rétablir dans son état naturel la note qui a été altérée par un des signes précédens. Le bécarre sert aussi à altérer une note qui est diésée ou bémolisée de sa nature.

On compte deux sortes de demi-tons. Le demi-ton **diatonique** et le demi-ton **chromatique**. Il y a demi-ton diatonique, lorsque deux notes éloignées seulement d'un demi-ton, changent de nom comme dans les exemples suivans.

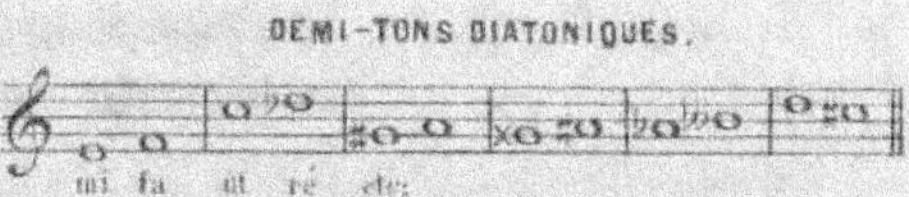

Il y a demi-ton chromatique, lorsque les deux notes ne changent pas de nom, comme dans les exemples suivans.

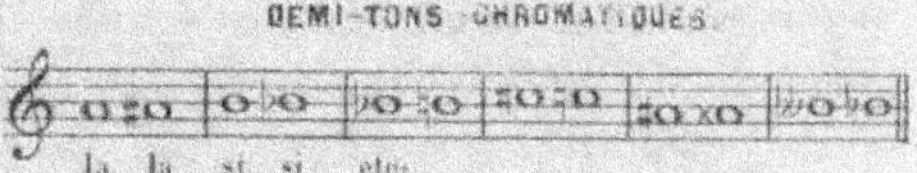

On appelle **notes synonimes** celles qui se prennent au piano sur la même touche et qui ne diffèrent entr'elles que d'un intervalle extrêmement faible (un neuvième de ton) qu'on nomme **comma**. Voici des exemples de notes synonimes ou **enharmoniques** [1].

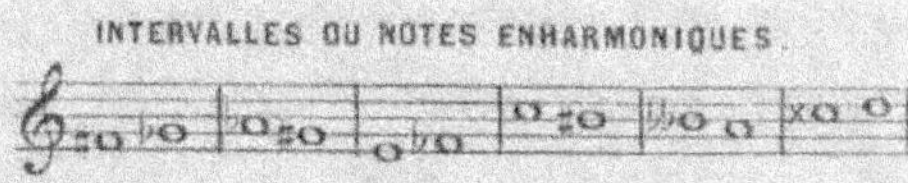

Ces trois espèces d'intervalles constituent les trois **genres** reçus en musique: le genre diatonique, le genre chromatique et le genre enharmonique. Le mot genre équivaut à système.

Lorsque les signes altératifs se posent en tête d'une portée, immédiatement après la clef (ce qui s'appelle **l'armature de la clef**), cela dénote que toutes les fois que vient la note dont le signe indique l'altération, il faut la lui faire subir, n'importe à quel degré de l'échelle musicale elle se trouve.

Ainsi, si l'on voyait le passage suivant:

Il faudrait diéser tous les fa, les ut, les sol et les ré, et lire comme s'il y avait:

---

(1) Il est bon de savoir de bonne heure la différence réelle qui existe entre les notes enharmoniques. L'ut # est plus haut que le ré ♭, le mi # plus haut que le fa ♭, le fa x plus haut que le sol #, et par conséquent le la ♭ est plus bas que le sol #, le fa ♭ plus bas que le mi #, et le si # plus bas que le la ♭.

De même dans le passage suivant:

Mettez un bémol à tous les si, les
mi et les la, et lisez comme s'il y avait.

La présence de ces **signes** après la clef indique ce qu'on appelle le **ton du morceau**, et
si l'un de ces signes venait accidentellement dans le courant d'un morceau, il ne conserverait son
pouvoir que pendant la durée de la mesure où il se trouverait. Une **mesure** se compose des
notes renfermées entre deux barres, comme dans les exemples précédens.

EXERCICES À FAIRE SUR LA QUATRIÈME LEÇON.

Savoir répondre à toutes les interrogations du professeur, relativement aux signes altératifs,
à la nature des demi-tons et aux genres.

CINQUIÈME LEÇON.
CLASSEMENT DES INTERVALLES.

Un intervalle composé de deux degrés conjoints (c'est à dire qui se touchent) se nomme seconde, de trois degrés tierce, de quatre degrés quarte, de cinq degrés quinte, de six degrés sixte,
de sept degrés septième, de huit degrés octave. On peut aller plus loin en disant: neuvième, di-
xième, etc; mais ces dénominations sont d'un usage moins fréquent.

Voici le tableau de ces intervalles, dans lequel ne figure pas l'**Unisson**,
qui n'est que le point de départ des intervalles, comme on peut le voir;

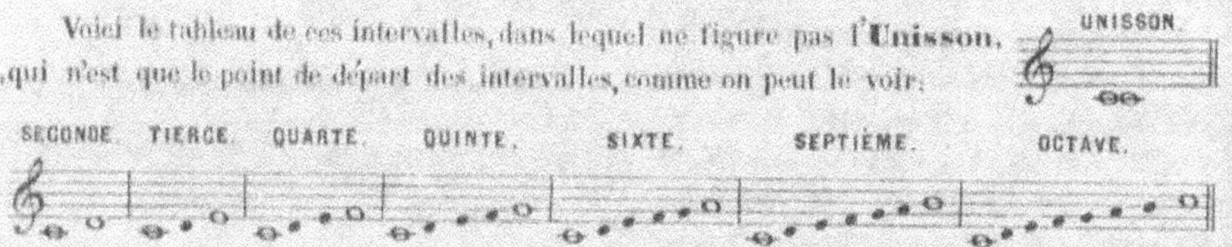

Tous ces intervalles peuvent se modifier, si on ajoute un dièse ou un bémol à l'une de leurs
notes, et dans ce cas on en peut étendre le nombre jusqu'à 19. Voici un nouveau tableau des intervalles qui indique chacune de ces modifications, avec les noms qu'on leur donne, et le nombre de demi-tons ou tons que chacun d'eux renferme.

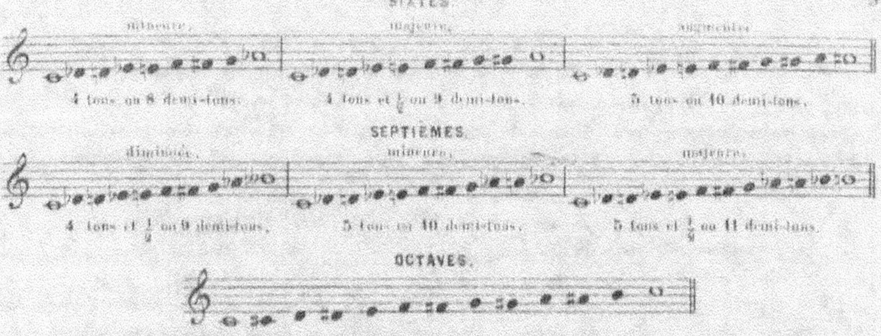

Il ne faut pas confondre entr'eux les intervalles composés du même nombre de demi-tons, tels que la seconde majeure et la tierce diminuée, etc. parceque c'est le nombre de **degrés** qu'un intervalle parcourt qui fixe sa nature. Ainsi, d'ut à fa ♯ il y a quatre degrés (ut, ré, mi fa) et d'ut à sol ♭ il y en a cinq (ut, ré, mi, fa, sol)

EXERCICES À FAIRE SUR LA CINQUIÈME LEÇON.

Apprendre de mémoire et répondre aux questions du professeur pour tout ce qui concerne la composition des intervalles, comme lorsqu'il lui demandera quelle est par exemple la quinte diminuée à partir de la ♭, la quarte augmentée à partir de si, la sixte augmentée à partir de fa ♯.

SIXIÈME LEÇON.
DE LA GAMME EN GÉNÉRAL ET DU MODE.

Dans la gamme, telle qu'on l'a vue dans la deuxième leçon, il se trouve cinq tons et deux demi-tons.

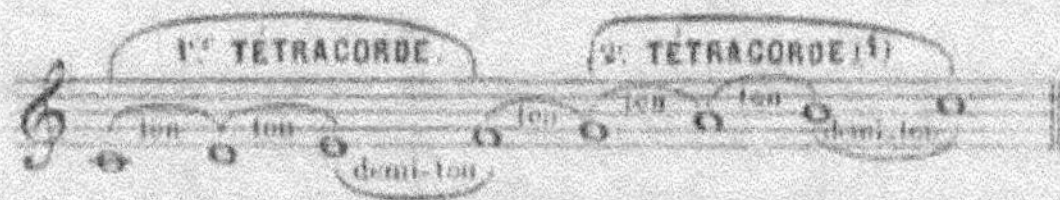

Une gamme ainsi faite se nomme gamme **diatonique**. Mais on peut aussi parcourir toute l'étendue de l'octave par demi-tons, et cette autre gamme se nomme **chromatique**.

Outre leur nom particulier de ut, ré, mi, etc, les notes ont des nom **génériques** qui ne changent jamais, n'importe par quelle note on commence la gamme diatonique. Les voici.

TONIQUE ou 1er degré.	2e degré.	MÉDIANTE ou 3e degré.	SOUS-DOMINANTE ou 4e degré.	DOMINANTE ou 5e degré.	6e degré.	SENSIBLE ou 7e degré.

On peut encore dire la seconde du ton, la tierce du ton, la quarte, la quinte, la sixte et la septième du ton.

(1) Les deux *tétracordes* (succession de quatre cordes ou notes) sont semblables dans toutes les gammes majeures

Lorsqu'une gamme diatonique est construite comme celle qu'on vient de voir, c'est à dire que les deux demi-tons se trouvent du 3.º au 4.º degré et du 7.º au 8.º (ou répétition du 1.º) on dit que le **mode** de cette gamme (c'est à dire sa manière d'être) est **majeur**, et l'on appelle cette gamme: **gamme majeure**. Mais si le premier de ces deux demi-tons était placé du second degré au troisième, le mode serait **mineur**, et la gamme serait une **gamme mineure**.

Voici une gamme mineure.

Les signes d'altération qu'on introduit dans la gamme mineure sont nécessités par la loi qui veut que dans la gamme diatonique on ait **cinq tons et deux demi-tons**; mais la gamme mineure en descendant ne se fait pas de même qu'en montant. Le premier demi-ton y est placé comme en montant, mais le second se trouve entre le 6.º et le 5.º degré.

Ce changement est nécessaire pour rétablir la gamme dans son état naturel et sans altération. En conséquence les deux manières suivantes de faire la gamme mineure sont défectueuses.

L'intervalle de seconde augmentée qui s'y trouve n'est pas classé parmi les degrés conjoints, et en conséquence ces deux gammes ne sont pas diatoniques.

Il faut donc se bien mettre dans la mémoire que les deux demi-tons doivent se placer:

1.º Dans la gamme diatonique majeure du 3.º degré au 4.º et du 7.º au 8.º

2.º Dans la gamme diatonique mineure **montante** du 2.º au 3.º degré et du 7.º au 8.º

3.º Dans la gamme diatonique mineure **descendante** du 6.º au 5.º degré et du 3.º au 2.º

EXERCICES À FAIRE SUR LA SIXIÈME LEÇON.

Bien se rappeler la différence entre la gamme diatonique et la gamme chromatique; en quoi consistent les modes majeur et mineur; quels sont les différens noms des notes et quelle est la position des deux demi-tons dans la gamme majeure et la gamme mineure.

SEPTIÈME LEÇON.
DES DIFFÉRENS TONS.[1]

On entend par le **ton** d'un morceau de musique sa gamme particulière d'après la note que le compositeur a choisie comme tonique.

Il existe trente tons dont quinze majeurs et quinze mineurs.

1.º TABLEAU DES GAMMES DES TONS MAJEURS.

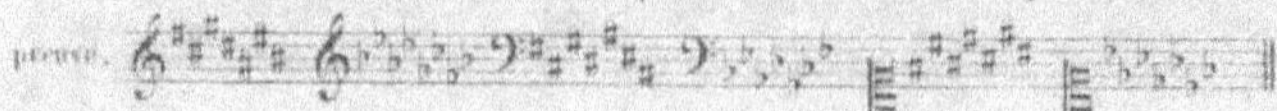

---

[1] Il est inutile de dire aux commençans que les dièses se succèdent en descendant de quarte et en montant de quinte alternativement et les bémols en montant de quarte et en descendant de quinte, car cela dépend des clefs, comme en voici la preuve.

2.ᵉ TABLEAU DES GAMMES DES TONS MINEURS.

Nota. C'est la gamme descendante qui règle le nombre d'accidens à la clef. Les autres ne sont qu'éventuels.

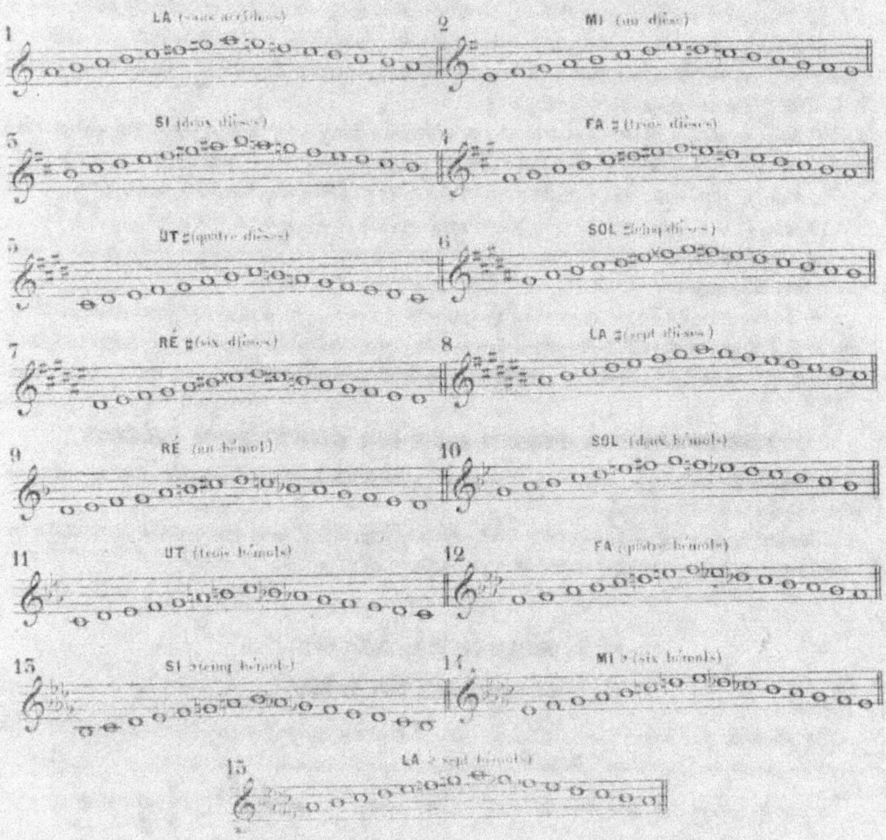

Pour se bien mettre dans la mémoire les tons, le nombre de dièses ou de bémols qui y entrent et les notes qui reçoivent successivement ces signes, voici des moyens de routine qui sont plus faciles à retenir que les moyens scientifiques.

1° Dans les tons majeurs à dièses, chaque nouveau dièse qu'on ajoute est à la sensible du ton; et au second degré dans les tons mineurs.

2° Dans les tons majeurs à bémols, chaque nouveau bémol qu'on ajoute est au 4° degré du ton; et dans les tons mineurs au 6°.

3° Si on se rappelle par cœur l'ordre que suivent les sept dièses, on trouvera celui que suivent les sept bémols en comptant à rebours.

$$\left\{\begin{array}{l} \text{FA (1}^{er}\text{ \#) UT (2}^{e}\text{ \#) SOL (3}^{e}\text{ \#) RÉ (4}^{e}\text{ \#) LA (5}^{e}\text{ \#) MI (6}^{e}\text{ \#) SI (7}^{e}\text{ \#)} \\ \text{FA (7}^{e}\text{ ♭) UT (6}^{e}\text{ ♭) SOL (5}^{e}\text{ ♭) RÉ (4}^{e}\text{ ♭) LA (3}^{e}\text{ ♭) MI (2}^{e}\text{ ♭) SI (1}^{er}\text{ ♭)} \end{array}\right.$$

4° Si on se rappelle par cœur les noms des six premiers tons à dièses, il suffira de les compter à rebours pour trouver ceux des six premiers tons à bémols.

<table>
<tr><td>1. Tons majeurs.</td><td>2. Tons mineurs.</td></tr>
<tr><td>SOL (1 #) RÉ (2 #) LA (3 #) MI (4 #) SI (5 #) FA (6 #)
SOL (6 ♭) RÉ (5 ♭) LA (4 ♭) MI (3 ♭) SI (2 ♭) FA (1 ♭)</td><td>MI (1 #) SI (2 #) FA (3 #) UT (4 #) SOL (5 #) RÉ (6 #)
MI (6 ♭) SI (5 ♭) FA (4 ♭) UT (3 ♭) SOL (2 ♭) RÉ (1 ♭)</td></tr>
</table>

5° Les tons qui n'ont point de signe à la clef comme ut et la, peuvent avoir chacune de leurs notes diésée ou bémolisée et y recevoir en conséquence sept dièses ou sept bémols.

6° Dès qu'on dépasse quatre dièses ou quatre bémols on rencontre un ton synonime, c'est à dire qui est représenté de même sur le piano. Cinq dièses répondent à sept bémols, six dièses à six bémols, sept dièses à cinq bémols. Par conséquent, cinq bémols répondent à sept dièses, six bémols à six dièses et sept bémols à cinq dièses.

7° Pour trouver à chaque ton majeur son **relatif** mineur (c'est à dire le ton qui a les mêmes signes à la clef), il faut descendre chaque gamme majeure d'une tierce mineure.

majeurs { UT, SOL, RÉ, LA, MI, SI, FA #, UT # ‖ FA, SI ♭, MI ♭, RÉ ♭, SOL ♭, UT ♭,
mineurs { LA, MI, SI, FA #, UT #, SOL #, RÉ #, LA # ‖ RÉ, SOL, UT, SI ♭, MI ♭, LA ♭.

8° Pour découvrir le ton d'un morceau on regarde quelle est la dernière note de la basse. Cette note décide le ton.

9° Enfin pour découvrir le mode d'un morceau et savoir s'il est majeur ou mineur, on cherche dans les premières ou à la dernière mesure la tierce du ton. Si la tierce est majeure, le morceau est en majeur; si la tierce est mineure, le morceau est en mineur.

EXERCICES À FAIRE SUR LA SEPTIÈME LEÇON.

Apprendre par cœur afin d'être en état de répondre à toutes les questions qui seront adressées sur les tons et les accidens.

Nota. Si le professeur trouve cette leçon trop longue, elle peut être coupée en deux, la seconde partie commençant aux mots "Pour se bien mettre."

HUITIÈME LEÇON.

DE LA VALEUR DES NOTES.

La valeur des notes est leur durée, qui est plus ou moins longue. Pour distinguer les diverses valeurs on leur a donné différentes figures que voici, avec leurs noms.

Ronde, Blanche, Noire, Croche, Double croche, Triple croche, Quadruple croche.

Exposé de la valeur comparative des différentes notes.

1 Ronde vaut 2 blanches, 4 noires, 8 croches, 16 doubles croches, 32 triples croches, 64 quadruples croches.

1 blanche vaut 2 noires, 4 croches, 8 doubles croches, 16 triples croches, 32 quadruples croches.

1 noire vaut 2 croches, 4 doubles croches, 8 triples croches, 16 quadruples croches.

1 croche vaut 2 doubles croches, 4 triples croches, 8 quadruples croches.

1 double croche vaut 2 triples croches, 4 quadruples croches.

1 triple croche vaut 2 quadruples croches.

On voit encore quelque fois des quintuples croches, ♪ ou ♪, qui ne valent que la moitié d'une quadruple croche.(1)

Voici cette même valeur exprimée en notes.

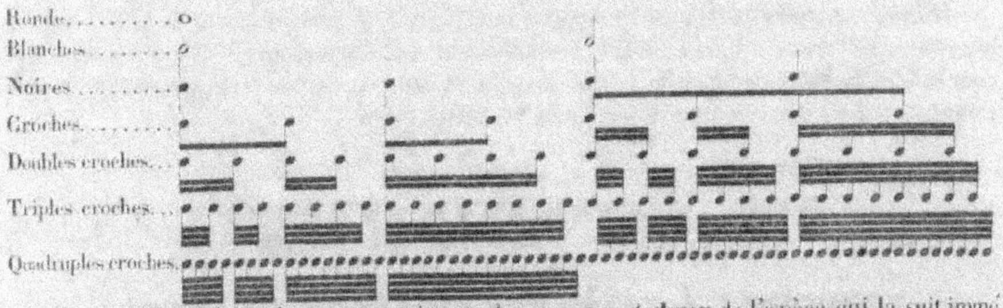

Ronde,............
Blanches,........
Noires............
Croches...........
Doubles croches...
Triples croches...
Quadruples croches.

Dans cette division de notes on voit que chacune en vaut **deux** de l'espèce qui la suit immédiatement. Elle s'appelle division **binaire**. Mais il en existe encore une autre, où chaque note en vaut **trois** de l'espèce qui la suit immédiatement. Cette division s'appelle **ternaire**. On l'écrit en faisant des groupes de trois notes surmontées d'un 3, et qu'on appelle **triolets**. D'après cette nouvelle division la ronde vaut trois blanches, la blanche trois noires, la noire trois croches, la croche trois doubles croches, et ainsi de suite.

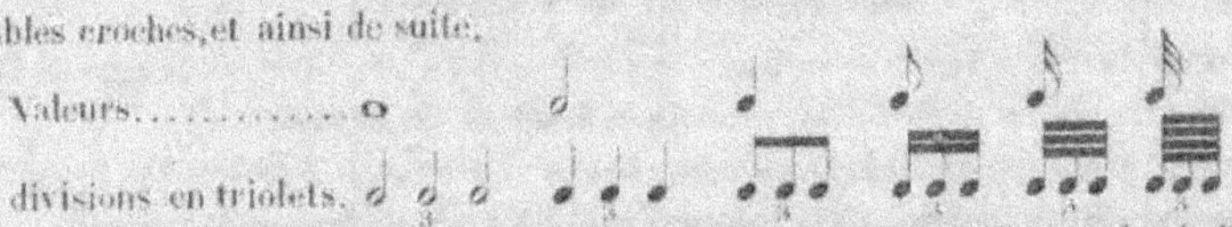

Valeurs...............

divisions en triolets.

Il existe aussi des groupes de six notes, appelés **triolets doubles**; on les indique par un 6 placé au-dessus. La valeur de chaque note du double triolet est la moitié de celle de chaque note du triolet simple. Ainsi le ♪♪♪♪♪♪ vaut ♪♪♪, le ♪♪♪♪♪♪ vaut ♪♪♪ et le ♪♪♪♪♪♪ vaut ♪♪♪.

On voit encore, mais moins souvent, des groupes de 5, 7, 9, 10 notes, etc. Le chiffre qu'on place au-dessus indique combien il en faut pour une noire ou une croche. Ainsi ♪♪♪♪♪ et ♪♪♪♪♪♪♪♪♪♪ valent une noire; ♪♪♪♪♪♪♪ et ♪♪♪♪♪♪♪♪♪ valent une croche. Il est à observer que ces groupes ont toujours **plus** et jamais **moins** de notes qu'il n'en faudrait pour leur valeur positive.

Quant au moyen d'exécuter en même temps les notes des divisions binaire et ternaire (trois notes contre deux et quatre notes contre trois), il est indiqué dans toutes les méthodes de piano.

EXERCICES À FAIRE SUR LA HUITIEME LEÇON.

Apprendre de mémoire.

Nota. Si cette leçon paraît trop longue au professeur ou à l'élève, elle pourra se scinder en deux parties, la seconde commençant aux mots "Mais il en existe encore une autre?"

____

(1) Il existe dans l'ancienne musique deux valeurs plus longues que la ronde. Ce sont la *maxime* ▯, qui vaut quatre rondes et la *brève ou carrée* ▯ qui vaut deux rondes. La brève s'emploie encore quelquefois dans la musique d'église.

NEUVIÈME LEÇON.
DU POINT.

Le point se place après une note. Il sert à en prolonger de moitié la durée primitive.

D'après cela: La ronde pointée vaut trois blanches: ○· est égal à ○ ρ: La blanche pointée vaut trois noires: ρ· est égal à ♩♩:

La noire pointée vaut trois croches: ♩· est égal à ♫: La croche pointée vaut trois doubles croches: ♪· est égal à ♬:

La double croche pointée vaut trois triples croches: ♪· est égal à ♬, et la triple croche pointée vaut trois quadruples croches: ♪· est égal à ♬. Le signe placé au-dessus, et qu'on appelle coulé, indique que la seconde note ne se fait pas entendre.

On place quelquefois deux points de suite; dans ce cas le second point vaut la moitié du premier. Ainsi une blanche pointée double vaut trois noires, plus une croche, c'est à dire deux noires pour la blanche, une noire de plus pour le premier point, et encore une croche (moitié de la noire) pour le second point, et ainsi de suite pour les autres valeurs.

Notes pointées ....

Valeur ....

EXERCICES À FAIRE SUR LA NEUVIÈME LEÇON.

Apprendre par cœur et savoir répondre aux questions.

DIXIÈME LEÇON.
DES TEMPS ET DES MESURES.

Une mesure est la division des valeurs en parties égales en durée, qu'on appelle **temps**, et qui sont séparées par de petites barres, nommées **barres de mesure**.

Les temps sont de deux espèces: les temps **forts** et les temps **faibles**. On leur donne ces dénominations, parceque pour faire sentir la mesure on la bat avec le pied ou avec la main, et que si l'on **frappe** un temps en abaissant le pied ou la main (temps fort), il faut nécessairement lever l'un ou l'autre pour marquer le temps suivant (temps faible).

Observer exactement les temps lorsqu'on exécute un morceau se dit **aller en mesure**.

Les mesures se partagent en deux classes: les mesures **paires** et les mesures **impaires**.

Les mesures paires sont celles où le nombre des temps est pair, comme deux temps et quatre temps. Les mesures impaires sont celles où le nombre des temps est impair, comme trois temps et très-rarement cinq temps. Les mesures peuvent encore être **simples** ou **composées**. La mesure composée se forme en ajoutant un point au temps simple.

Les mesures paires simples, généralement usitées, sont:

1° La mesure à quatre temps, qui s'indique par un **C** ou un 4. Elle vaut une ronde.

2° La mesure à deux temps, qui s'indique par un **₵** ou un 2. Elle vaut également une ronde.

3° La mesure à deux-quatre, qui se marque $\frac{2}{4}$. Elle vaut une blanche.

Nota. Lorsque deux chiffres sont superposés dans l'indication de la mesure, comme $\frac{2}{4}$, le chiffre inférieur dénote la valeur des notes et le chiffre supérieur leur nombre. Ainsi le 2 placé sous un autre chiffre représente une blanche (**deux** dans la ronde); le 4, une noire (**quatre** dans la ronde); le 8, une croche (**huit** dans la ronde), et le 16 une double croche (**seize** dans la ronde).

Le chiffre supérieur indique le nombre de blanches, de noires, de croches et de doubles croches qu'il faut pour remplir la mesure, $\frac{6}{8}$ en conséquence veut dire six huitièmes de ronde, ou six croches.

Les mesures impaires simples usitées sont:

1º La mesure à trois-deux, indiquée par $\frac{3}{2}$. Elle vaut trois blanches, et est assez rare.

2º La mesure à trois-quatre, appelée plus généralement à trois temps; elle se marque 3 ou $\frac{3}{4}$, et vaut trois noires.

3º La mesure à trois-huit, marquée $\frac{3}{8}$. Elle vaut trois croches.

Les mesures paires composées sont:

1º La mesure à six-quatre marquée $\frac{6}{4}$; elle vaut deux blanches pointées. On peut la considérer comme une mesure à deux temps en triolets. Elle n'est pas très-fréquente.

2º La mesure à six-huit, marquée $\frac{6}{8}$; elle vaut deux noires pointées. On peut la considérer comme une mesure à deux-quatre en triolets.

3º La mesure à douze-huit, marquée $\frac{12}{8}$; elle vaut quatre noires pointées. On peut la considérer comme une mesure à quatre temps en triolets.

Les mesures impaires composées sont:

1º La mesure à neuf-huit, marquée $\frac{9}{8}$; elle vaut trois noires pointées, et peut se considérer comme une mesure à trois temps en triolets.

2º La mesure à neuf-seize, marquée $\frac{9}{16}$; elle vaut trois croches pointées, et peut se regarder comme une mesure à trois-huit en triolets. Elle est assez rare.

Dans la mesure à deux temps le premier est fort et le second faible. Le premier se frappe et le second se lève. Les mesures qui se battent à deux temps sont ¢ ou 2, $\frac{2}{4}$ et $\frac{6}{8}$.

La mesure à trois temps n'a que le premier temps qui soit fort, les deux autres sont faibles. La manière la plus habituelle de la battre est de frapper le premier temps, de porter la main à droite pour le deuxième et de la lever pour le troisième. Les mesures qu'on bat à trois temps sont $\frac{3}{2}$, $\frac{3}{4}$ ou 3, $\frac{3}{8}$, $\frac{9}{8}$ et $\frac{9}{16}$. [1]

Dans la mesure à quatre temps le premier et le troisième temps sont forts, et le deuxième et le quatrième sont faibles; mais comme le second temps fort est moins fort que le premier, on ne frappe pas deux fois, mais on bat en frappant le premier temps, en portant le second à gauche et le troisième à droite, et en levant le quatrième. Les mesures qui se battent à quatre temps sont C et $\frac{12}{8}$.

Outre ces manières générales de battre la mesure, on les modifie quelquefois selon la nature du morceau. Ainsi dans un mouvement très-lent on peut trouver plus facile de compter six temps que deux dans la mesure à $\frac{6}{8}$, et dans un mouvement très-vif on aime souvent mieux ne compter qu'un temps par mesure dans celle à $\frac{3}{8}$ que d'en compter trois.

EXERCICES À FAIRE SUR LA DIXIÈME LEÇON.

Apprendre par cœur tout ce qui a rapport aux mesures et aux temps, et s'habituer à bien battre les mesures à deux, à trois et à quatre temps.

---

[1] En Italie on bat les deux premiers temps de la mesure à trois temps et on lève le troisième, et dans la mesure à quatre temps on bat les deux premiers, on porte le troisième à droite et on lève le quatrième.

ONZIÈME LEÇON.
DES SILENCES.

Les silences sont des signes qui servent à dénoter l'interruption momentanée des sons. On leur donne différens noms.

1 La pause, ▬. Elle vaut une ronde et indique un silence d'une mesure quelconque.

2 La demie-pause, ▬ Elle vaut une blanche et indique un silence de la moitié d'une mesure à deux ou à quatre temps.

3 Le soupir, ♪ Il vaut une noire.

4 Le demi-soupir, ♪ Il vaut une croche.

5 Le quart de soupir, ♪ Il vaut une double croche.

6 Le demi-quart de soupir, ♪ Il vaut une triple croche.

7 Le seizième de soupir, ♪ Il vaut une quadruple croche.

Il existe encore des silences plus longs que ceux là, mais ils sont d'un usage moins fréquent. Ce sont 1º le bâton de deux pauses, ▬ qui vaut un silence de deux mesures, 2º le bâton de quatre pauses, ▌ qui vaut un silence de quatre mesures. Il est d'usage de placer un 2 au-dessus du premier et un 4 au-dessus du second. Si l'on a besoin d'indiquer un silence plus long que celui de quatre mesures, on se sert de plusieurs signes de repos réunis, tels que ▦ ou bien d'une simple barre horizontale au dessus de laquelle on écrit le nombre de mesures à compter, comme ▬

On voit quelquefois le point placé après le soupir ou les silences moindres. Il indique, de même que le point placé après la note, que ce silence doit être prolongé d'une moitié en sus. Ainsi ♪. représente ♪ ♪

EXERCICES À FAIRE SUR LA ONZIÈME LEÇON.

Les exercices sur cette leçon sont peu importans. Il s'agit de bien se rappeler les noms et les formes des différens signes de repos.

DOUZIÈME LEÇON.
DES SYNCOPES, DES PETITES NOTES, DE CERTAINS SIGNES
USITÉS EN MUSIQUE, ET DES ABRÉVIATIONS.

Les syncopes sont des prolongations de notes par suite desquelles la première moitié de leur valeur appartient à la fin d'un temps ou d'une de ses divisions, et la seconde au commencement du temps ou d'une des divisions du temps suivant; de sorte qu'en battant les temps, on frappe ou on lève la main toujours après chacune des notes qui se jouent ou se chantent. EXEMPLE.

Si la syncope va d'une mesure à l'autre, on se sert du **coulé**, fait ainsi ⌣ ou ⌣, pour indiquer que la seconde note ne doit pas s'exécuter, n'étant qu'une prolongation de la première.

Les syncopes sont quelquefois coupées par des silences. En ce cas-là on les appelle **contre-temps**.

Les **petites notes** ne comptent point dans la mesure, c'est à dire qu'on peut en placer autant que l'on veut, sans être obligé de rien retrancher des notes ordinaires qui doivent y entrer. Il y en a de deux espèces. La première qui se nomme **appoggiatura** (mot italien qui veut dire point d'appui), est une petite note isolée, qui a la propriété particulière de devoir presque toujours être plus marquée que la note véritable qui suit. Ainsi les petites notes suivantes doivent s'exécuter comme sur la seconde portée; le côté qu'on y voit aller d'une note à une note voisine signifie qu'il faut les bien **lier** ensemble, ce qui est le contraire des notes **détachées ou piquées**, qui s'indiquent par des points placés dessus ou dessous, comme ou

Petites notes

Effet........

Quand les petites notes doivent produire ce dernier effet, on fait mieux de les écrire ainsi:

La seconde espèce de petites notes se trouve le plus souvent après une note surmontée du signe ⌢ ou ⌣, qu'on appelle **point d'orgue** ou **point d'arrêt**, et qui indique qu'il faut s'arrêter sur cette note au moins deux fois le temps de la valeur marquée (ce signe se place également sur un silence). EXEMPLE.

Le groupe de toutes ces petites notes qui se suivent après une note surmontée d'un point d'orgue se nomme lui-même **point d'orgue**. Et après avoir frappé ou marqué le temps qui les précède, on tient la main suspendue jusqu'à la première **grosse note** qui suit.

Quelques signes usités en musique ont déjà été indiqués dans le courant de cette leçon. Voici la plupart de ceux qui restent à connaître. 1° **L'accolade**, ⎨ qu'on met au commencement de deux ou plusieurs portées, pour indiquer que les notes qui sont écrites les unes sous les autres doivent s'exécuter en même temps; 2° le **Renforcé** ∧, ∨, ou ⟩, qui annonce qu'il faut renforcer un peu la note; 3° l'**Enflé**, ⟨ qui dénote qu'il faut augmenter la force; 4° le **Diminué** ⟩ qui signifie qu'il faut diminuer le son. Lorsque ces deux signes sont réunis, comme ⟨⟩, il faut d'abord renforcer, et puis diminuer le son; 5° la **Barre finale**, ‖, qui indique que le morceau est fini; 6° la **Reprise**, :‖, qui dénote qu'il faut répéter la partie du morceau qui se trouve avant les points. Si les points étaient après la double barre, comme ‖:, c'est la seconde partie qu'il faudrait exécuter deux fois, et si les points se trouvaient de chaque côté, comme :‖: il faudrait répéter les deux parties; 7° le **Renvoi**, 𝄋, qui indique qu'il faut retourner à l'endroit où on trouve un signe pareil, et continuer jusqu'au mot **fin**; et lorsqu'on voit une ou plusieures mesures entre les signes ⌈ ⌉, il faut les répéter, que ces signes soient ou non accompagnés du mot **bis**.

Les abréviations les plus usitées sont les suivantes : 𝅝 ou ∅, qui remplace ♪♪♪♪ ou ♪♪♪♪ qui remplace huit doubles croches, 𝅗𝅥 ou ∅, qui remplacent seize triples croches ou trente deux quadruples croches; par conséquent, ♩ ♩ et ♩, qui remplacent 4 doubles croches, 8 triples croches et 16 quadruples croches; ∅·, qui remplace ♪♪♪♪♪♪ et ♩·, qui remplace ♪♪♪; 𝅗𝅥·, qui remplace

48

12 doubles croches, et ♪ qui signifie six doubles croches; enfin les abréviations suivantes:

et le signe *I, II*, ou *III* qui signifie que le passage précédent, dans la mêmemesure ou dans la mesure antérieure, doit se répéter en croches, doubles croches ou triples croches. EXEMPLE, il faut lire:

Il existe encore trois signes abréviatifs d'un genre différent; tels sont le *tr*, **trille** ou **cadence**; le ∝, **brisé**, et le ∿, **mordant**.

Enfin un **8** placé au-dessus des notes à la clef de sol ou au-dessous des notes à la clef de fa, et écrit ainsi:8------, indique qu'il faut jouer à l'octave au-dessus ou au-dessous tout ce qui se trouve sous la dépendance de la ligne pointillée.

EXERCICES À FAIRE SUR LA DOUZIÈME LEÇON.

Cette leçon est encore une affaire de mémoire. Mais en outre, l'élève devra transcrire l'exercice suivant en mettant sur chaque signe le nom qui lui convient et l'usage auquel il est destiné, et en écrivant au long tout ce qui porte une marque d'abréviation.

Ici se borne la connaissance des principes de la musique. Je ne parlerai que pour mémoire de la **Transposition**, dont un commençant ne peut pas avoir besoin, et qui, comme exercice, est au-dessus de sa force. La transposition consiste à chanter ou à jouer un morceau dans un autre ton que celui dans lequel il est écrit. L'usage de toutes les clefs y est indispensable, et ce n'est qu'après qu'un élève aura longtemps travaillé le **solfège**, c'est à dire qu'il aura appris à nommer les notes en les chantant et en battant la mesure, qu'il sera en état de se mettre à l'étude de la transposition.

COMPLÉMENT.

DES TERMES ITALIENS LES PLUS USITÉS EN MUSIQUE.

Les termes qui ont rapport au mouvement dans lequel un morceau doit s'exécuter, à ses nuances, et à l'expression qu'on y doit mettre, sont très-variés et presque tous empruntés à la langue italienne. J'en ai fait choix d'une soixantaine des plus indispensables à connaître, que l'élève devra se rappeler avec leur traduction en français.

Grave,	Grave.
Largo,	Large.
Larghetto,	Moins large. — Mouvemens très lents.
Lento,	Lent.
Adagio,	Posé.
Andante,	
Andantino,	Mouvemens moins lents que les cinq premiers, d'une traduction difficile.
Cantabile,	
Moderato,	Modéré.
Maestoso,	Majestueux.
Allegretto,	Un peu gai.
Allegro,	Gai.
Presto,	Vif.
Prestissimo,	Très-vif.
Vivace,	Rapide.
Sostenuto,	Soutenu.
Risoluto,	Résolument.
Agitato,	Agité.
Animato,	Animé.
Stringendo,	En serrant le mouvement.
Ritenuto, (Rit. ou Riten.)	En retenant.
Rallentando, (Rall.)	En rallentissant.
Ritardando,	En retardant.
Affrettando,	En pressant.
Smorzando, (Smorz.)	En étouffant le son.
Morendo,	En mourant.
Crescendo, (Cres.)	En augmentant de force.
Diminuendo, (Dim.) ou Calando,	En diminuant.
Ripigliando il tempo,	En reprenant le mouvement.

A tempo, Tempo primo,	Au premier mouvement.
L'istesso tempo,	Le même mouvement.
Tempo radoppiato,	Le mouvement redoublé.
Tempo rubato,	Sans faire sentir la mesure.
Colla parte, (ou Colla voce)	Suivre la partie qui chante.
Con moto,	Avec mouvement.
Con brio,	Avec verve.
Con fuoco,	Avec feu.
Con espressione,	Avec expression.
Leggiero,	Légèrement.
Scherzando,	En badinant.
Grazioso,	Avec grâce.
Legato,	Lié.
Staccato,	Détaché.
Mezza voce, (ou Sotto voce)	A demie-voix.
Marcato il basso,	La basse bien marquée.
Più mosso,	Plus vite.
Più,	Plus.
Meno,	Moins.
Un poco,	Un peu.
Un poco più, (sans rien après)	Un peu plus vite.
Sempre,	Toujours.
A poco a poco,	Peu à peu.
Piano, (p)	Doux.
Pianissimo, (pp, quelquefois ppp)	Très-doux.
Forte piano, (fp)	Doux, mais la première note fort.
Mezzo forte, (mf)	A moitié fort.
Forte (f)	Fort.
Fortissimo, (ff, quelquefois fff)	Très-fort.
Sforzando, Rinforzando, (sf, $rinf$)	En renforçant la note.
Assai, Molto,	Très.
Tremolando, (trem.)	Lorsqu'on rencontre ce mot, il faut répéter les notes ou l'accord aussi vite que l'exécution le permettra.